VOYAGE
DE LEURS MAJESTÉS
EN ALGÉRIE

(SEPTEMBRE 1860)

« Si j'ai traversé la mer pour rester quelques instants parmi vous, c'est
» pour y laisser comme traces de mon passage la confiance dans l'avenir
» et une foi entière dans les destinées de la France, dont les efforts pour
» le bien de l'humanité sont toujours bénis par la Providence. »

(Discours de S. M. l'Empereur au banquet de la municipalité
d' Alger, 19 septembre 1860.)

GRAVURES EXTRAITES DE L'ILLUSTRATION

PARIS

AU BUREAU DE L'ILLUSTRATION

RUE RICHELIEU, 60

1860

TYPOGRAPHIE DE HENRI PLON
IMPRIMEUR DE L'EMPEREUR
Rue Garancière, 8, a Paris

VOYAGE

DE

LEURS MAJESTÉS IMPÉRIALES

A ALGER.

———————⊷⊶⊷———————

Si l'Algérie a coûté beaucoup à la France, elle lui a beaucoup donné. Dans les vingt années qu'il nous a fallu pour asseoir notre domination sur cette contrée belliqueuse, nous avons acquis la première armée du monde, un immense prestige militaire, et cette gloire non moins précieuse d'avoir enrichi nos ennemis au lieu de les appauvrir, d'avoir étendu leurs droits et élevé leur condition, bien loin de les avoir asservis[1]. Les merveilleuses ressources de ce pays, le plus fécond du monde, se sont offertes à l'émigration européenne, et deux cent mille individus y ont été

---

[1] « Loin de les spolier des richesses de leur sol, nous avions à leur apprendre à en produire de nouvelles; loin de les dépouiller de leurs droits, nous avions à leur en donner qu'ils n'avaient pas avant nous. Là où était l'esclavage nous avons mis la liberté; là où il n'y avait qu'une possession précaire nous avons constitué la propriété; là enfin où était l'arbitraire nous avons proclamé le droit et placé la justice. » (Rapport de S. E. le comte de Chasseloup-Laubat à l'Empereur.)

S. M. l'Empereur.

S. M. l'Impératrice.

chercher la fortune que leur refusait le sol natal. Si tous n'ont pas été heureux, c'est que tous n'y apportèrent pas la patience, l'expérience et les ressources pécuniaires indispensables à toute entreprise. Puis, il faut le dire, bien des obstacles inaperçus d'abord entravèrent leurs efforts. A force de travail, d'étude et d'argent, on les a fait peu à peu disparaître. Aujourd'hui tout est prêt; plus d'entraves, plus de barrières; toutes les expériences sont faites; la sécurité et la salubrité sont assurées; le sol a prouvé sa richesse sans égale, encore accrue par les travaux de l'art; les institutions de la métropole ont été peu à peu transportées dans la colonie : la pente est gravie, et c'était peu de trente années pour faire un chemin si rude et si long. L'avenir est plein de magnifiques promesses. Il ne nous montre pas seulement dans l'Algérie un grenier inépuisable en même temps qu'un asile prêt à recevoir l'excès de notre population : il nous ouvre les portes de l'Afrique. Par bien des points déjà nous étreignons ce continent à demi barbare qui appelle la lumière et la civilisation. L'Algérie est l'entrepôt naturel où ses produits doivent rencontrer ceux du Nord. Nous pouvons, si nous le voulons, déterminer ce courant, et quand il se sera établi, la Méditerranée pourra recevoir ce nom de lac français qu'on est si naturellement porté à lui donner déjà.

A tant de titres, notre grande possession africaine méritait un de ces regards que l'Empereur veut successivement donner à toutes les parties de son empire. Sa visite, plusieurs fois annoncée, était impatiemment attendue. Cette année enfin, la colonie apprit qu'après avoir parcouru les nouvelles provinces françaises de Nice et de la Savoie, et l'île qui fut le berceau de la famille impériale, Leurs Majestés traverseraient la mer pour rendre visite à l'Algérie. Bien que ce premier voyage dût être fort court et montrer seulement à Leurs Majestés la ville d'Alger et ses environs, les colons accueillirent cette nouvelle avec enthousiasme. Ils y voyaient en effet une précieuse marque de sympathie, et sachant quel tendre souvenir le beau pays qu'ils habitent laisse à tous ceux qui le traversent, ils ne doutaient pas que l'Empereur ne lui portât une affection plus vive après qu'il l'aurait vu.

On se prépara à fêter dignement cette visite ardemment souhaitée. Sans doute la ville d'Alger n'était pas assez riche pour imiter les splendeurs que Lyon et Marseille avaient prodiguées sur le passage de Leurs Majestés, mais la nature s'était chargée de la parer, et il lui suffisait d'une bien simple toilette pour effacer ses rivales.

La ville d'Alger est l'une des plus charmantes du monde. On dit volontiers qu'elle est aujourd'hui une ville européenne et ne mérite pas l'intérêt du voyageur. Ceux qui en parlent ainsi ne l'ont pas vue. La ville basse, habillée à la moderne, coupée de rues à arcades, de larges places, de carrefours, garnie de magasins, d'hôtels et de cafés, a sans doute perdu sa tournure orientale. Mais le peuple qui y circule est à lui seul un spectacle merveilleux. Dix races vivent côte à côte sur le pavé d'Alger, dix races de types et de costumes si différents qu'après un séjour de vingt-quatre heures l'étranger les distingue sans peine. Et quels types intéressants que ces Maures, pauvres rejetons d'une grande race ayant conservé de leur noble origine l'orgueil sans la dignité, la beauté des traits sans leur expression, gardant avec religion le culte de leurs ancêtres, passant dans la retraite le jour anniversaire de la prise de Grenade, mais incapables de renouveler les exploits dont ils sont si fiers, fils de soldats devenus marchands! Quel charmant costume que ces vestes, ces gilets, ces culottes de couleurs variées, mais toujours éclatantes et mariées avec une si heureuse hardiesse! On peut rencontrer cent Maures et n'en voir pas deux vêtus de même : grand régal pour des yeux habitués à l'insipide monotonie du paletot!

Les Arabes, pour être enveloppés dans leur éternel burnous blanc, n'en sont pas moins variés; si chaque Maure a sa couleur, chaque Arabe se drape à sa façon. Il porte en lui-même d'ailleurs sa physionomie et, si je puis le dire, son style particulier. Si dans la plupart des pays les figures expressives sont peu communes, chez l'Arabe une tête sans caractère est une exception bien rare. Il y a parmi eux des visages disgracieux, il y en a de durs, même de féroces, il n'y en a pas de vulgaires.

> Jusque sous ses haillons desséchés et poudreux,
> Effrangés par le temps, cardés par la misère,
> L'Arabe qui mendie a l'air d'un Bélisaire [1].

Le Kabyle au corps maigre, osseux, à la peau rude et noire, à la figure franche et rieuse, à la physionomie bien plus française, au costume infiniment plus simple; le juif, auquel son long asservissement a donné un masque de honte et de timidité, qui n'a pas eu le courage de quitter ce costume, sombre livrée d'ignominie qui lui était imposée avant nous; le Mozabite avec sa blouse rayée de bleu, de vert et de rouge; le nègre, le Biskri, la Mauresque invisible sous la housse blanche dont elle s'enveloppe pour sortir, la juive avec son corsage doré, la négresse avec sa

---

[1] Barthélemy.

Débarquement dans le port d'Alger — D'après un dessin de M. A. Marc.

couverture quadrillée de bleu et de blanc, — chacun est différent; c'est une four-
milière bariolée, une mosaïque vivante, un kaléidoscope humain; c'est pour les
yeux un plaisir, une fête de tous les instants.

Un coin du monde musulman, d'ailleurs, est resté debout dans la ville nouvelle.
Des mosquées et quelques vieux palais mauresques s'élèvent encore au milieu des
maisons européennes; à côté des boutiques françaises, l'industrie indigène s'étale
dans des bazars qui lui sont réservés. Mais les amateurs de l'Orient ont mieux à
voir. Que vers la fin du jour ils quittent la ville basse, qu'ils s'engagent dans ce
dédale inextricable de ruelles tortueuses, souvent fermées comme des souterrains,
et si étroites qu'il faut s'adosser au mur quand on y rencontre un ânon chargé de
ses tellis; qu'ils montent ainsi jusqu'à la Casbah. Alors ils se trouveront transportés
dans un monde nouveau, à mille lieues de l'Europe. Là le peuple indigène règne
seul. Tous les bruits sont éteints. C'est un coin oublié du vieil Alger qui dort
au-dessus du mouvement moderne. Le ciel d'un bleu vif, dont on ne voit qu'une
bande étroite au-dessus de sa tête; la mer d'une nuance plus douce qu'on aperçoit
au loin par quelque interstice, sont admirablement encadrés par ces murailles
droites, nettes, d'une blancheur éclatante. A gauche, à droite, dans de petits antres
noirs, un Maure accroupi semble dormir au milieu de ses épices sans songer à
les vendre; dans d'autres boutiques garnies de fruits de couleurs vives, piments,
aubergines, tomates, et parfois ornées de guirlandes de jasmin, un Mozabite plus
actif appelle le passant.

Des Mauresques filent silencieuses, mystérieuses, suivies d'une négresse qui
porte sur sa tête les achats de la journée. D'autres se montrent déjà sur leurs
terrasses, la face découverte, roulant une cigarette entre leurs doigts noircis de
koheul. Les hommes remplissent la boutique du barbier, où ils vont apprendre les
nouvelles, fument le kif ou le tabac sur le banc du caouadji, ou jouent aux dames
couchés sur des nattes au milieu de la rue. De petits Maures à la mine rieuse,
à l'œil vif, coiffés d'une calotte rouge semblable à celles que portent nos enfants
de chœur, jouent, se battent, chantent des airs arabes au milieu desquels se
glissent quelques lambeaux de nos refrains populaires.

Toutes les maisons ont le même aspect misérable; celle du pauvre et celle du
riche diffèrent peu d'apparence; l'Arabe défiant ne veut pas qu'on sache ce qu'il
possède ni comment il vit; mais parfois une porte s'entr'ouvre, et l'on aperçoit alors
une cour coquettement encadrée d'arcades à colonnes torses, plaquée de carreaux

de faïence nets et brillants, du milieu de laquelle jaillissent les feuilles immenses d'un bananier semblable à la fleur qui s'élance d'un vase élégant. Quand de ces hauteurs on voit tomber sur la rade, sur les belles montagnes kabyles qui l'encadrent, et sur les terrasses de la ville, la lumière rose du soleil couchant, on assiste au plus beau spectacle qui se puisse voir en aucun lieu du monde.

Avec de pareilles ressources la tâche des décorateurs était facile; ils s'en sont acquittés en gens de goût et d'esprit. Appropriant avec bonheur le style de leur ornementation au cadre oriental où elle devait figurer, ils ont su cacher les constructions européennes de la ville basse pour laisser en pleine lumière ses derniers édifices mauresques. Le vrai et le faux se marient ainsi le plus heureusement du monde : on ne sait où était la pierre et où était le carton; on peut véritablement se croire dans un palais de féerie.

Des arcs de triomphe marquent le chemin que doivent suivre Leurs Majestés; l'un a été construit par les musulmans, un autre par les juifs, un autre par les nègres; et chacun rappelle en quelques mots les bienfaits accordés par le gouvernement français à la population qui l'a érigé. Les nègres nous doivent la liberté; amenés comme esclaves du Soudan, ils sont affranchis dès qu'ils mettent le pied sur notre territoire. Les Arabes nous doivent l'éducation de leurs enfants, la régularisation de leur justice, et tant d'autres biens qu'on ne peut énumérer : l'allégement de l'impôt, la sécurité des douanes et des routes, le forage des puits, etc. Les Israélites nous doivent tout. Véritables ilotes, les juifs d'Algérie étaient avant notre domination, comme sont encore ceux du Maroc ou de la Tunisie, confinés dans un quartier spécial et soumis à des lois draconiennes. Relevés par nous de cette déchéance, admis devant nos tribunaux, puis dans le sein de nos conseils municipaux et généraux, même dans les rangs de notre milice, ils sollicitent aujourd'hui avec ardeur la faveur de la naturalisation générale et le droit de se nommer Français.

Les Espagnols eux-mêmes ont, sous la direction de leur consul, élevé un arc de triomphe particulier. Un tableau placé au fronton rappelle ce trait fameux d'un des ancêtres de notre gracieuse souveraine, Alfonso Perez de Guzman, dit Guzman el Bueno : gouverneur de Tarifa, il était assiégé par les Maures; dans une sortie son fils est pris, et les assiégeants le menacent de le tuer sous ses yeux s'il ne leur livre la ville : — Tuez mon fils, répond-il en jetant son épée par-dessus les remparts, un Guzman ne se rend pas.

Arc de triomphe élevé par les nègres d'Alger.

Pose de la première pierre du quai de l'Impératrice, à Alger.

Chambre de S. M. l'Empereur au palais du commandant supérieur de l'Algérie.

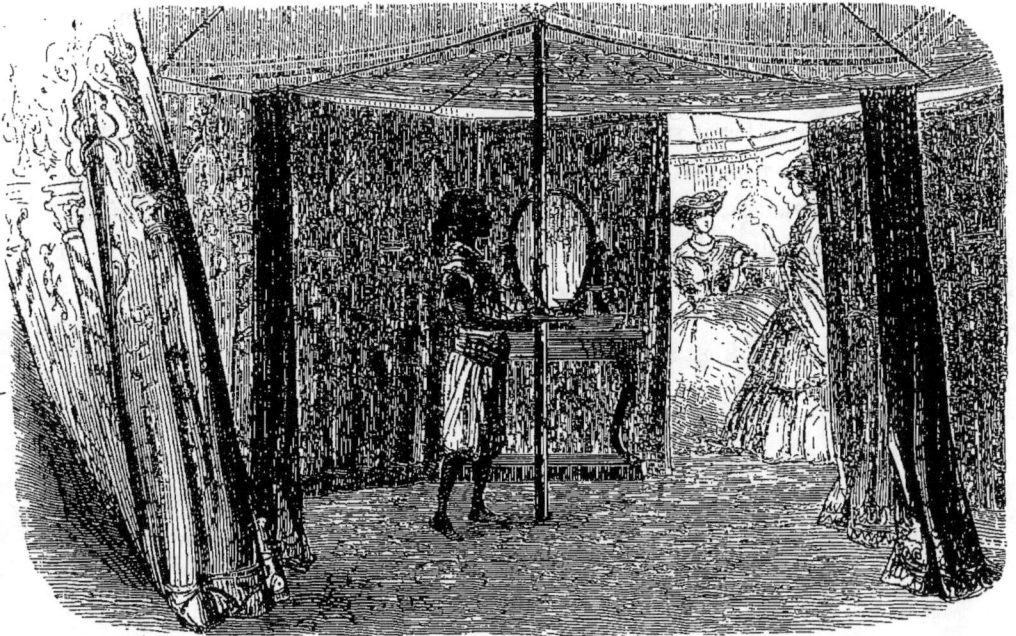

La tente de l'Impératrice.

Ces hommages collectifs ne doivent pas être seuls adressés aux augustes voya-
geurs. Les habitants se sont empressés de parer de leur mieux leurs maisons, de les
blanchir, de les orner de drapeaux, d'écussons et de guirlandes de fleurs.

Blidah, que Leurs Majestés doivent visiter (on l'espère du moins), ne s'est pas
moins bien préparée. Un petit monument de pierre, souvenir indestructible du
voyage, a été construit à la place où les autorités de la ville doivent recevoir
l'Empereur et l'Impératrice. De là jusqu'à Blidah, c'est-à-dire sur un parcours de
six lieues, des trophées s'élèvent de chaque côté de la route, réunissant tous les
produits de cette partie du territoire algérien jadis si insalubre, aujourd'hui si saine
et si féconde. Enfin la ville a acheté une des plus belles orangeries, qu'elle compte
offrir au Prince impérial, et dont le titre de propriété doit être remis pour lui à
l'Impératrice dans une magnifique orange d'or. — Aux derniers moments il faut
se hâter. Arabes et Européens, soldats et ouvriers civils travaillent jour et nuit.
L'animation proverbiale d'Alger a décuplé; c'est un mouvement, un bruit à étourdir.
Tout cependant est terminé à temps, et le 18, au lever du jour, le dernier coup
de marteau est donné; Alger est prêt à recevoir la première visite souveraine dont
il ait été honoré.

PREMIÈRE JOURNÉE.

Pour que Leurs Majestés puissent traverser Alger dans sa longueur et se montrer
à la population tout entière, il est décidé qu'Elles longeront les quais jusqu'à
l'extrémité ouest de la ville, où Elles n'entreront qu'à la hauteur du Palmier. Dès
le matin la haie se forme sur tout ce parcours dans l'ordre suivant : les tirailleurs
indigènes et les pompiers de la milice; les zouaves, la ligne et la milice; le
génie et les douaniers. Les spahis se rangent sur le quai, les chasseurs d'Afrique
sur la route de Mustapha faisant face au Palmier, la cavalerie de la milice sur
la place du Gouvernement.

A huit heures *l'Aigle* est signalée.

Son Excellence M. le ministre de l'Algérie et des Colonies, venu pour recevoir
Leurs Majestés et faire après leur départ une nouvelle tournée dans le pays dont la
haute administration lui est confiée, se rend à bord avec M. le général commandant
les forces de terre et de mer. Les autorités civiles en costume et les autorités mi-

litaires en grande tenue, se réunissent sur le quai, où deux choses frappent surtout les regards : une locomotive qui doit servir aux travaux du chemin de fer de Blidah : symbole éloquent de l'ère nouvelle inaugurée par la création du ministère spécial et consacrée par la visite impériale ; puis un immense décor représentant les premières arcades du futur boulevard de l'Impératrice.

Quelques instants après, l'Empereur et l'Impératrice, accompagnés de Son Excellence M. le ministre de l'Algérie, de MM. les généraux Frossard, Fleury et Lebœuf, et de M. le général de Martinprey, montent dans le canot qui doit les amener à terre. En ce moment, des rangs des spectateurs, rassemblés sur le quai, s'échappe un seul cri auquel répond une longue clameur descendant des terrasses étagées de la ville, et toutes les places de la colonie, prévenues par le télégraphe, s'associent à la joie des Algériens en tirant une triple salve d'artillerie.

Leurs Majestés mettent pied à terre et s'arrêtent sous un dais élégant construit en forme de kouba où M. Sarlande, maire d'Alger, présente à l'Empereur les clefs de la ville et lui adresse le discours suivant :

« SIRE,

» J'ai l'honneur d'offrir les clefs de la ville à Votre Majesté.

» Depuis longtemps nous attendions votre venue ; mais, comprenant quels soins réclamaient, dans la mère patrie, la présence de Votre Majesté, nous prolongions notre espérance.

» Nous nous disions, Sire, avec une résignation patriotique :

» Il est juste que l'Empereur commence par la France les grandes entreprises de son règne ;

» Qu'il la fasse belle comme il l'a faite grande ; qu'il la fasse prospère au dedans comme il l'a faite glorieuse au dehors.

» Notre tour viendra après ; car l'Empereur n'oublie aucun des points de son vaste empire.

» Notre tour est venu.

Intérieur d'une maison mauresque.

Groupe de Touareg.

» Enfin, Votre Majesté a posé le pied sur ce vieux continent africain, qui, il y a soixante ans, tressaillait au contact de son aïeul, et nous pouvons lui offrir librement notre dévouement et notre reconnaissance.

» Ce sont les deux seuls sentiments, Sire, qui soient dans notre cœur.

» Vous venez d'en entendre la chaleureuse expression dans votre marche triomphale en Savoie, en Corse, et dans les départements du Midi.

» Sire, elle est la même ici, et Votre Majesté verra par elle-même que l'extrémité bat comme le cœur.

» Dans ces derniers temps, surtout, Votre Majesté nous a comblés : chemins de fer, crédit foncier, justice musulmane, décret sur la vente des terres, boulevard de l'Impératrice, grands travaux publics.

» L'Algérie prend sous votre inspiration un essor longtemps attendu, et qui va se développer et grandir encore à l'ombre des institutions civiles dont Votre Majesté a doté cette seconde France. »

« MADAME,

» Notre bonheur n'eût pas été complet, si nous n'avions joui de la présence de Votre Majesté, si nous n'avions pu déposer aux pieds de l'Impératrice, de la mère de notre Prince impérial, l'hommage de notre plus profond dévouement.

» A Alger, comme en France, son nom n'est prononcé qu'avec amour et respect; il est béni par les mères et les petits enfants, et les mêmes vœux l'accompagnent. »

« SIRE,

» A côté des colons de l'Algérie, Votre Majesté va voir cette magnifique armée qui, au prix de son sang, a conquis le sol que nous foulons.

» Nous formons tous une grande famille qui n'a d'autre vitalité que celle du dévouement et de la fidélité.

» Aussi est-ce du fond du cœur que, tous ensemble, soldats et citoyens, nous crions :

» Vive l'Empereur! Vive l'Impératrice! Vive le Prince impérial! »

L'Empereur répond qu'il apporte à la colonie un remercîment et un espoir; remercîment pour les hommes distingués qu'elle a donnés au pays; espoir que dégagée enfin des entraves qui l'embarrassaient, elle ne tardera pas à suivre la France dans la voie du progrès.

Leurs Majestés et M. le ministre de l'Algérie montent dans un des carrosses de gala qui les attendent. Le général de Martinprey est à cheval à la portière. L'escorte est formée d'un escadron de chasseurs d'Afrique, d'un escadron de chasseurs de France, et d'un détachement de cent-gardes, colonels en tête. Fiers et reconnaissants de voir l'Empereur et l'Impératrice accomplir un si long voyage pour se trouver quelques instants parmi eux, colons et indigènes manifestent leurs sentiments de la façon la plus bruyante. Sur la place Bresson sont rangés les chefs arabes, les femmes juives, les contingents kabyles, puis les enfants du collége arabe et les mousses indigènes : le passé de l'Algérie et son avenir, la vieille génération que nous avons soumise par la force, la jeune que nous gagnons par les bienfaits de la science et de la civilisation. A l'accueil qui leur est fait en cet endroit, Leurs Majestés comprennent aussitôt ce qui doit leur être démontré le lendemain plus clairement encore : que les Arabes les reçoivent avec une joie sincère, qu'ils viennent sans arrière-pensée jurer fidélité à leur souverain l'Empereur des Français; que forcés de subir une domination étrangère, ils sont fiers d'obéir à un maître fort, glorieux, respecté de tous, et qu'Elles comptent en un mot des sujets aussi dévoués sous le burnous que sous l'uniforme. A quelques pas plus loin Elles passent sous l'arc de triomphe des nègres, où des cariatides humaines leur montrent un tableau représentant la ville de Tombouctou et surmonté de ces mots éloquents : « Nous sommes libres! »

Leurs Majestés s'arrêtent à la cathédrale. Elles entendent la messe, et Monseigneur l'Évêque leur adresse un discours. Puis Elles se rendent au palais du Gouvernement, affecté à leur résidence.

A peine y étaient-elles arrivées, que la *Foudre* entre à son tour dans la rade portant S. A. le bey de Tunis, qui vient à Alger pour saluer l'Empereur. Sidi-Mustapha-Agha, son ministre de la guerre, le général Hussein, son ministre des affaires étrangères, et M. Léon Roches, consul général de France à Tunis, l'accompagnent. Son Altesse est conduite par les voitures de la cour à l'hôtel de la préfecture, que M. Levert a mis à sa disposition. — S. Exc. le comte de Chasseloup-Laubat, M. le général de Martinprey, M. le Préfet, font immédiatement visite à Son Altesse, qui se rend ensuite près de Leurs Majestés.

A trois heures, l'Empereur reçoit les autorités. M. le conseiller d'État Lesti-boudois, au nom du Conseil général de Constantine qu'il préside, porte la parole en ces termes :

« SIRE, MADAME,

» Les membres du Conseil général de Constantine viennent avec bonheur saluer Votre Majesté à son arrivée sur la terre algérienne.

» Ils savent, Sire, que chacun des pas des souverains de votre auguste race est le signal d'un progrès. Mystérieux privilége qui leur appartient, ils ont eu la puis-sance de réveiller la civilisation aux lieux mêmes où vinrent s'épuiser les derniers efforts de l'esprit chrétien qui souleva les croisades : à l'aurore de ce siècle, le général Bonaparte va en Égypte, là où saint Louis devint captif; par l'éclat de ses victoires il fait tressaillir l'Orient; et vous, Sire, presque aux lieux où expira le pieux monarque, vous venez, après six cents ans, aux acclamations des populations indigènes et européennes, introniser la pensée d'égalité et d'humanité sur cette terre naguère barbare; vous prenez possession de cette contrée avec autant de facilité que vous avez parcouru les provinces françaises restituées à l'Empire.

» Déjà, par vos décisions, ce pays est pénétré de tous les éléments d'une vie sociale nouvelle. Mais combien il a fallu de fortes résolutions pour obtenir ce grand résultat! Dès que, par les héroïques travaux de l'armée, l'Algérie est dominée, vous voulez qu'un prince de votre maison impériale préside à son organisation; un ministère spécial est créé pour poursuivre l'œuvre complexe de la colonisation; les provinces séparées sont libres dans leur essor, et leurs intérêts distincts sont cen-tralisés sous les yeux mêmes de l'Empereur; des Conseils généraux sont appelés à discuter leurs affaires et à formuler leurs vœux.

» Ces vœux, le ministre que vous chargez de développer notre prospérité semble s'attacher à les devancer ; il propose à Votre Majesté la création des chemins de fer, des ports, des routes, le desséchement des marais, les irrigations, le télégraphe sous-marin, les établissements de crédit, les vastes entrepôts, la constitution de la propriété, et des décrets quotidiens viennent annoncer que toutes ces propositions sont étudiées, adoptées, réalisées.

» Les besoins des Européens ne sont pas seuls satisfaits : Votre Majesté ordonne que les populations indigènes aient une justice intègre, une instruction libéralement distribuée, une administration protectrice, qu'en un mot elles soient véritablement assimilées à la famille française; politique généreuse qui portera ses fruits, comme celle qui, providentiellement inspirée, ouvrit à Abd-el-Kader les portes du château d'Amboise, et donna miraculeusement un protecteur aux chrétiens de Syrie.

» SIRE,

» Les membres du Conseil général de Constantine viennent vous dire que le sentiment de vos bienfaits a pénétré dans les parties les plus reculées de notre territoire. Ils ont un regret, c'est que les soins de votre empire ne vous permettent pas de venir recevoir l'hommage de la reconnaissance de tous dans l'ancienne capitale des rois numides. Mais ils sont assurés que l'éloignement de leur province ne fera pas oublier ses intérêts, et qu'elle conservera cette vie individuelle qu'elle doit à l'Empereur et qui est la première condition de sa prospérité. Sire, permettez-nous de dire que notre gratitude égalera vos bienfaits.

» MADAME,

» Permettez-nous aussi de célébrer comme un bonheur inappréciable votre voyage dans vos possessions africaines : le puissant chef de l'Empire, le général victorieux ne descend pas sur ce rivage dans l'appareil de la force; il est accompagné de la gracieuse et bienfaisante Impératrice, et son cortége c'est la paix, ses splendeurs, ses arts, sa sécurité, ses richesses prodiguées en bonnes œuvres. Souffrez donc, Madame, que nos bénédictions montent jusqu'à notre Souveraine, et que nos acclamations l'accueillent.

» VIVE L'EMPEREUR !

» VIVE L'IMPÉRATRICE !

» VIVE LE PRINCE IMPÉRIAL ! »

L'Empereur répond que malgré tout ce qu'il s'est efforcé de faire pour l'Algérie, il ne se dissimule pas que l'œuvre est encore bien incomplète, et qu'il compte sur les Conseils généraux pour l'aider à l'achever.

L'Impératrice reçoit les dames. Des députations de juives et de Mauresques demandent à être admises devant Elle. Les juives lui offrent un éventail de grand prix et d'un travail exquis portant les deux dates 1830-1860, et ces mots : *Les dames israélites à l'Impératrice Eugénie.*

A quatre heures et demie, Leurs Majestés, accompagnées de S. Exc. le ministre de l'Algérie, sortent en voiture découverte et font une promenade aux environs de la ville. L'itinéraire n'en ayant pas été fixé à l'avance, elles reçoivent des colons près desquels elles passent un accueil improvisé, mais qui n'en est que plus chaleureux. Ces enfants de la France, heureux de cette visite qui les transporte pendant quelques instants sur le sol natal et leur prouve que pour avoir passé la mer ils ne se sont pas expatriés, se précipitent vers la voiture impériale qu'ils entourent, qu'ils remplissent de fleurs, et que parfois ils empêchent d'avancer, comme pour retenir quelques instants de plus parmi eux les augustes visiteurs.

A sept heures l'Empereur réunit à sa table S. A. le bey de Tunis et les personnages de sa suite, les principales autorités civiles et militaires de la colonie et les chefs arabes suivants : Bou-Àlem, Si-Takur-Mahiddin, Si-Bou-Aziz ben Guidoum ben Ganah, Si Kamza ould Bou-Beker, Ben ba Hameh, Ben Abdallah Si el-Aribi. Ces derniers s'entretinrent longuement avec Leurs Majestés, avec les officiers de la suite de l'Empereur et les dames de l'Impératrice. Au dessert le bey porta à Leurs Majestés un toast, traduit par M. Léon Roches, dont voici le sens plutôt que le texte précis :

« A Sa Majesté l'Empereur des Français, que je remercie de l'honneur insigne qu'il a daigné me faire en m'invitant à venir le saluer ici. Je me réjouis d'autant plus de cette haute faveur, que je sais que je suis le premier souverain musulman qui ait joui de ce grand honneur. »

Sa Hautesse a ajouté qu'elle s'efforcerait toujours de suivre les exemples de l'Empereur, parce qu'elle savait qu'en agissant ainsi elle assurerait le bonheur de ses peuples.

DEUXIÈME JOURNÉE.

Le 18, à dix heures du matin, le quai est encore coupé par une haie de soldats ; les personnes invitées à la cérémonie de la pose de la première pierre du boulevard de l'Impératrice, remplissent les deux tribunes qui leur sont réservées, et que sépare le pavillon impérial.

L'État a accompli la plus grande part de sa tâche en Algérie. Il a jeté de solides fondements : c'est à l'individu qu'il appartient de bâtir. L'argent, tel est aujourd'hui le véritable, on pourrait dire le seul besoin de la colonie. Qu'un peu de cette rosée vivifiante vienne féconder son sol, et d'incalculables richesses en jailliront. Par malheur, une étrange impopularité financière pesa pendant de longues années sur l'Algérie; elle semble, Dieu merci, se dissiper; nous avons enfin décidé les capitaux rebelles à franchir la mer, et voici coup sur coup deux travaux considérables, le boulevard de l'Impératrice et le réseau des chemins de fer, entrepris par l'industrie privée, sans qu'on puisse soupçonner les entrepreneurs de courir par patriotisme les chances d'une spéculation douteuse : plusieurs d'entre eux sont Anglais. L'exécution du boulevard de l'Impératrice signale donc une phase nouvelle de la colonisation algérienne; l'Empereur tenait à la consacrer, en posant lui-même la première pierre de cette belle construction.

Alger est couvert par un bon système de fortifications, mais de trois côtés seulement : du côté de la mer, il est sans défense. Le boulevard de l'Impératrice, longeant la mer sur une ligne de deux mille mètres, doit joindre les extrémités des anciens remparts, et courir de la porte de France au fort Bab-Azoun. Il ne sera pas mené d'abord jusqu'à ce dernier point; et s'arrêtera à douze cents mètres de la porte de France, au lieu dit le Campement. Plus tard un prolongement de huit cents mètres lui sera donné; la lacune stratégique que nous signalions tout à l'heure sera alors comblée, et Alger méritera mieux que jamais le surnom de *bien gardée* que lui décernaient autrefois ses enfants.

Ce n'est pas seulement un rempart que donnera à Alger le boulevard de l'Impératrice : c'est en même temps un dock immense et une magnifique promenade. Qu'on se figure une large terrasse supportée par une série de hautes arcades, dont chacune est un magasin, dont le centre est occupé par un bastion principal d'où part une double rampe, et les extrémités flanquées de plus petits bastions. Cette promenade aérienne, d'où l'on aura la belle vue de la rade, semblable à ces routes d'Italie prises sur le flanc des montagnes, et qui semblent dominer la mer, comptera à coup sûr peu de rivales en Europe.

Réception de l'Empereur et de l'Impératrice à la cathédrale d'Alger. — D'après un dessin de M. A. Marc.

L'Empereur et l'Impératrice arrivent à dix heures précises; le maire d'Alger les reçoit et leur adresse le discours suivant :

« SIRE,

» Avant que Monseigneur l'Évèque d'Alger n'appelle les bénédictions du Tout-Puissant sur cette humble pierre, que Votre Majesté me permette de lui adresser, au nom des habitants d'Alger, l'expression de la plus vive et de la plus respectueuse reconnaissance.

» Ce travail, Sire, était digne de fixer votre attention, il était digne d'être inauguré par Votre Majesté, car il se présentera un jour comme une de ces œuvres qui semblent résumer la pensée de votre règne, la puissance de l'Empire, la prospérité du pays.

» L'image d'une ville splendide par la magnificence de ses monuments, florissante par l'étendue de son commerce, s'était dressée devant vos yeux et avait révélé à Votre Majesté la grandeur future d'Alger. Ce qui n'eût été qu'un rempart pour ces plages que notre patriotisme saurait d'ailleurs défendre, s'il en était besoin, vous en avez fait aussi un monument de paix, et, dans quelques années, les produits de l'industrie française, se dirigeant vers le sud, et les produits de l'Afrique s'acheminant vers la France, viendront s'entasser dans ces docks gigantesques. »

« MADAME,

» Ce boulevard fera la beauté de notre cité; ce sera un des plus beaux monuments de la Méditerranée. Exauçant un vœu bien cher, vous avez daigné consentir à l'illustrer de votre auguste nom. Il y a des noms qui portent bonheur. Le vôtre, Madame, pour tous les Français qui ont admiré votre haute intelligence, lorsque votre noble époux illustrait nos armées à Solferino, rappelle les vertus de la force en même temps qu'il est le symbole de la grâce.

» Vous avez daigné faire savoir au corps municipal que vous receviez bientôt ses hommages sur ce même boulevard que Vos Majestés inaugurent aujourd'hui.

» Le corps municipal est là, Madame, suivi de la population d'Alger, impatiente de déposer aux pieds de Vos Majestés l'hommage de sa fidélité et de son inaltérable dévouement.

» Il sera là encore, à cette même place, Madame, quand plus tard le Prince impérial viendra, lui aussi, visiter ce point extrême de son empire.

» Le premier objet qui frappera les regards de votre fils sera le nom de son auguste mère écrit en lettres d'or sur ces murs.

» Mais il trouvera aussi gravés dans tous les cœurs, en caractères ineffaçables, le souvenir des bienfaits de l'Empereur et de l'ineffable bonté de Votre Majesté.

» Vive l'Empereur! Vive l'Impératrice! Vive le Prince impérial! »

Le ciel est radieux; la mer s'étend devant les spectateurs, calme et bleue, portant une flottille pavoisée. Tout semble embellir cette cérémonie, qui doit pourtant se terminer tristement. Bien que l'Impératrice s'efforce de répondre avec sa grâce habituelle aux acclamations dont elle est l'objet, on a remarqué dès son arrivée une profonde expression de tristesse répandue sur son visage. Elle quitte pourtant son trône, et descend avec l'Empereur sous le dais où la pierre doit être bénie. Il est facile de voir qu'une violente émotion l'agite et qu'elle fait effort pour la contenir. Enfin, les larmes montent malgré elle à ses yeux; elle regagne rapidement la tribune impériale, et, se dérobant derrière le trône aux regards de la foule, elle fond en sanglots. Tous les assistants prennent part à cette douleur et veulent en connaître la cause : on apprend alors que l'Impératrice vient de recevoir les plus graves nouvelles de la santé de madame la duchesse d'Albe, sa sœur. Elle a voulu, pour les Algériens, qui l'ont si bien accueillie, surmonter sa douleur, mais tout cet éclat de fêtes, ce bruit, ces cris poussés en son honneur, l'ont fait éclater. Elle sait se dominer pourtant, et pendant tout le reste de son séjour, elle s'efforcera de montrer à la foule avide de contempler ses traits, un visage qui ne puisse l'affliger. Et la foule, qui sait qu'elle passe dans la prière et les larmes ses rares instants de solitude, vivement touchée de son courage, lui témoignera sa reconnaissance par des hommages muets, mais non moins éloquents.

Monseigneur l'Évêque bénit la pierre. Son Excellence M. le ministre présente la truelle et le marteau. Une ouverture a été pratiquée dans la pierre, où l'on dépose une boîte de métal contenant des monnaies de tout module, au millésime de 1860, et le procès-verbal de l'inauguration.

Médaille commémorative de la pose de la première pierre du boulevard de l'Impératrice, à Alger.

La cérémonie terminée, Leurs Majestés rentrent au palais du gouvernement, qu'Elles quittent à deux heures, suivies de près par le bey de Tunis, pour se rendre à la plaine de la Maison-Carrée. Conduites par la poste impériale, Elles traversent les belles allées de palmiers et de bananiers du Jardin d'essai, puis longent la mer par la route d'Hussein-Dey. Un peu avant trois heures Leurs Majestés arrivent à la tente qui leur a été préparée. Cette tente, véritable tente du désert, en poil de chameau, rayée de gris, de brun et de noir, meublée et ornée à l'arabe, est située sur l'étroit plateau d'une colline au pied de laquelle s'étend la vaste plaine où doivent s'exécuter les mille scènes de la fantasia.

Le lieu de l'action a été bien choisi : il est immense et d'un aspect magnifique; tous les assistants l'admirent : à l'horizon, un cercle de collines brûlées, ouvertes çà et là de saignées écarlates, semées de koubas d'une blancheur éclatante et partout garnies de tentes, de drapeaux, de cavaliers, de fusils étincelants au soleil; à gauche, derrière ce premier rang de collines, les montagnes de la Kabylie, d'un bleu sombre à veines noires; au-dessus de leurs têtes un ciel pâle, presque blanc à l'horizon, d'une finesse, d'une légèreté, d'une transparence inconnues dans nos pays du Nord; à leurs pieds la plaine calcinée par l'été, laissant voir pourtant çà et là quelques oasis de buissons verts; sur tout cela s'étend un soleil radieux, une chaude et pure lumière d'Orient, telle que Decamps nous la faisait rêver.

Un programme ingénieux a réuni toutes les scènes de la vie nomade. Leurs Majestés vont voir les beaux livres du général Daumas et de M. de Chancel mis en action; le désert en un mot va passer sous leurs yeux en tableaux rapides.

A peine les augustes spectateurs ont-ils pris place sous la tente, que sur la droite s'avancent de longs troupeaux de bœufs et de moutons conduits par des bergers, des chameaux chargés de grains, d'outres pleines d'eau et de toutes les provisions de voyage; d'autres les suivent portant des marchandises; sur d'autres enfin se balancent les attatichs de soie brodée, garnies de bouquets de plume d'autruche. Une troupe de cavaliers ferme la marche. Des enfants courent d'une bête à l'autre, les piquant de leur bâton pointu. Un chef, le *kébir,* surveille tout. L'aigre musique arabe, soufflant sans relâche, marche sur les flancs du convoi, qui représente une caravane portant des étoffes, de la poudre, des armes, du tabac, à R'at, à R'dames ou au Touat, pour les y échanger contre l'ivoire, la poudre d'or et les esclaves du Soudan.

A peine la caravane s'est-elle avancée aux deux tiers de la plaine, qu'un parti d'ennemis ou de voleurs sort d'un bouquet de bois, se précipite sur elle en poussant de grands cris et en faisant un feu très-serré. La confusion se met dans les rangs de la caravane. Les chameaux qui prennent la chose au sérieux, courent de tous côtés en dandinant d'un air effaré leur long cou chargé d'amulettes; les troupeaux se dispersent. Enfin l'ordre se fait et la résistance s'organise, les cavaliers se précipitent sur l'ennemi en entonnant leur chant de guerre, peut-être ce chant fameux :

> C'est aujourd'hui qu'il faut mourir
> Pour les femmes de la tribu [1].

Les injures succèdent aux hymnes guerriers, et tombent sur les assaillants aussi dru que les balles. Pendant ce temps les troupeaux, les chameaux chargés d'attatichs, ceux qui portent les provisions ou les marchandises, se sont massés à quelque distance du combat. La musique redouble de force et les femmes excitent

---

[1] Général Daumas, *Mœurs et coutumes de l'Algérie,* p. 31.

les combattants de leur infatigable *you-you*. Les cavaliers repoussés reviennent près des attatichs. Les femmes leur reprochent leur lâcheté, les injurient, leur disent qu'ils sont des chiens, des juifs, fils de juifs, et autres aménités de ce genre. Ils reforment leurs rangs et reprennent l'offensive. En ce moment on entend la fusillade sur la gauche, et l'on voit un groupe important de cavaliers arriver au galop. C'est une tribu amie qui vient au secours de la caravane. Pendant que ces nouvelles forces tiennent tête aux assaillants, les cavaliers se replient vers leurs femmes, leurs marchandises et leurs troupeaux, et les font vivement filer devant eux. Le désordre de cette fuite, ces animaux effarés, ces attatichs violemment balancés, on peut avoir de tout cela une exacte idée en se rappelant *la Prise de la Smala* d'Horace Vernet. Les femmes étant mises en sûreté et cachées par un pli de terrain, les cavaliers reviennent sur les ennemis par une charge furibonde. Ils auraient raison cette fois des assaillants, si ceux-ci n'avaient eux-mêmes reçu l'appui d'une tribu alliée. C'est alors une mêlée générale : les *chétils*, housses de soie semées de paillettes d'or, qui tombent sur la croupe des chevaux, les drapeaux, les burnous, les heiks, toutes ces draperies de couleurs éclatantes flottent au vent; les musiques font rage, les chevaux envoient vers le ciel des nuages de poussière et les fusils des globes de fumée bleue qui s'élèvent sans se dissiper; c'est un bruit à rendre sourd, un mouvement de couleurs à aveugler : ils sont heureux! Cette scène est finie et d'autres doivent commencer. Le général Yusuf, qui de loin dirige cette fête, envoie en vain ordre sur ordre à leurs chefs : les fous sont lancés, on ne peut les arrêter. La musique, les cris et les coups de feu ne se ralentissent pas un instant; il faut attendre que les munitions soient épuisées. En auraient-ils pour huit jours, la fantasia durerait huit jours sans relâche.

Lorsque le combat, dans lequel figuraient des goums des trois provinces, cessa enfin, les principaux cavaliers de chaque goum vinrent se ranger sur la route qui longeait la colline où s'élevait la tente impériale, pour faire la fantasia proprement dite. On a cent fois décrit cette course folle de quatre ou cinq cavaliers lançant leurs bêtes à toute vitesse, les maintenant de front comme l'attelage d'un quadrige, d'une main brandissant leur sabre, de l'autre déchargeant leur fusil, le faisant tournoyer en l'air, le reprenant, revenant sur leurs pas et recommençant toujours avec le même plaisir, avec la même ardeur, si longtemps que dure la poudre.

Puis ce fut le tour des Beni-Mzab, venus de leur lointaine oasis pour cette fête, les chefs seuls à cheval, coiffés du *medol*, ce gigantesque chapeau de paille garni de plumes d'autruche; les autres jambes nues, bras nus, vêtus d'une simple chemise de toile plus courte que celle des Kabyles et la tête emmaillottée d'une sorte de grossier turban. Eux aussi, ils font leur fantasia, courant presque aussi vite que des chevaux, riant, criant comme des enfants, se poursuivant et se déchargeant leurs armes à bout portant.

Les Touareg eux-mêmes, ces maîtres du désert, qu'il serait si important dans l'intérêt de nos relations commerciales avec le Soudan d'attirer à nous, qui ont assez bien répondu à nos dernières avances et entretiennent aujourd'hui des rapports réguliers avec les points extrêmes de notre territoire, mais qu'Alger n'avait pas revus, croyons-nous, depuis 1857[1]; les Touareg ont figuré dans la grande fête du 18. On les a vus passer avec leur face voilée de noir, leurs armes sauvages, longue pique, javelots et boucliers de peaux d'antilope, leur poignard en croix et leur croix sur la poitrine, montés sur leurs mehara, que des chevaux galopant ont peine à suivre.

On avait assisté jusqu'alors à des épisodes de la guerre d'escarmouches; une charge de spahis vient donner une idée de la grande guerre d'Afrique. On ne saurait rien imaginer de plus beau. Ils se précipitent sur deux rangs, serrés, alignés comme s'ils étaient au repos, soulevant derrière eux une nappe de poussière qui dans toute la largeur de la plaine s'enlève sur une ligne droite : c'est un flot qui s'avance faisant jaillir l'écume; puis ils se détachent, se dispersent non sans une certaine symétrie et toujours à même distance comme les pièces d'un échiquier, embrassent toute la plaine, qu'ils traversent à bride abattue.

Après la guerre viennent les plaisirs du désert, c'est-à-dire la chasse, puis la chasse et encore la chasse; chasse à l'autruche, chasse à la gazelle et chasse au faucon. Les autruches amenées du désert pour la fête, mais un peu trop civilisées par le voyage, refusent tout net de se laisser chasser et arpentent la plaine avec un calme, une indifférence, un dédain tout arabes. Les cavaliers chargés de les poursuivre sont réduits à les escorter. L'une d'elles pourtant s'échappe et vient se réfugier vers la tente impériale. Moins sages, les gazelles s'élancent effleurant la terre et dévorant l'espace de leurs bonds immenses, poursuivies par d'ardents slouguis qui ne peuvent les atteindre. Les fauconniers décoiffent leurs bêtes et les

[1] Ils y accompagnèrent à cette époque une caravane venue de R'at.

Une chasse à l'autruche.

Une diffah

lancent à leur tour. Mais il n'y a devant elles ni lièvres ni outardes, et cette chasse ne peut être qu'un simulacre.

Pendant que ces différentes scènes se succèdent, les six ou huit mille Arabes qui ont pris part à la fête se rassemblent et se rangent au pied de la colline où est plantée la tente impériale. L'Empereur et l'Impératrice s'avancent jusqu'à la lisière du plateau. Alors des députations formées des plus grands chefs de chaque province montent jusqu'à eux et leur baisent les mains. Les plus nobles personnages de chaque députation leur offrent un cheval magnifique et superbement harnaché, que deux tiennent par la bride et deux par les étriers ; puis l'un d'entre eux fait un long discours, où il proteste du dévouement de ses frères pour le sultan Napoléon. Nous ne pouvons reproduire ici toutes ces harangues, mais nous voulons du moins tirer de l'oubli cette charmante image de l'une d'elles, où le génie oriental se reflète dans tout son poétique éclat :

« Nous n'avions pas entendu dire jusqu'ici que le soleil se levât du côté du Nord ; mais nos yeux ont contemplé ce prodige dans sa réalité. »

Les députations arabes se retirent en poussant un cri, mais lentes, fières, majestueuses. L'Arabe, pour qui la vie est une chose grave et notre perpétuelle insouciance un inintelligible problème, l'Arabe met sa gloire à ne point changer de visage ; ni l'extrême joie ni l'excès de la douleur ne peuvent altérer ses traits ; et c'est selon lui une singulière façon de montrer son respect que s'agiter et pousser de bruyantes acclamations.

La députation des Kabyles devait succéder à celle des Arabes. Mais toute la foule kabyle voulut suivre ses chefs et escalada la colline avec eux. On essaya de les arrêter, ce ne fut pas possible. Ils vinrent ainsi jusqu'à trois pas de l'Empereur et de l'Impératrice et voulaient monter plus près encore. Les zouaves de service tentèrent encore une fois d'arrêter le flot : « Zouaves, retirez-vous, » dit l'Empereur en souriant, et les Kabyles s'approchèrent autant qu'ils voulurent. Alors ils s'installèrent à leur aise, les premiers rangs s'asseyant pour que les derniers pussent voir, tous ouvrant des yeux gigantesques. Quelles têtes et quels costumes de sauvages ! Sans chaussures et souvent sans coiffure, la plupart ont pour unique vêtement une longue chemise de laine ou de toile. Et quelle chemise ! aussi sale que leurs fusils sont propres et brillants ! Leur peau noire et tannée s'en détache à peine. Malgré cela, ils font plaisir à voir. Autant les Arabes étaient sérieux, respectueux, solennels, autant les Kabyles sont gais et sans gêne. Le bachaga Si-Mohammed-Kassy jette aux pieds de l'Empereur le fusil de soumission, Ahmed-Yattareb y dépose une cartouchière et adresse à Leurs Majestés un discours qui commence ainsi :

« SIRE,

» Que Votre Majesté veuille bien accepter ce fusil, emblème des sentiments du peuple kabyle.

» Il dit à Votre Majesté que nos bras ne s'armeront plus que quand elle le jugera utile à ses desseins.

» Il dit aussi que nous avons abandonné à la sollicitude de votre commandement le soin de gouverner notre pays. »

Pendant qu'il parle, les Kabyles, ses frères, rient, se communiquent tout haut leurs réflexions, et leur air de bonne humeur fait sourire tout le monde. Le discours terminé, ils poussent une longue acclamation dans laquelle on distingue les mots de *Maïsti Sultan;* puis on veut les faire partir, mais on n'y réussit guère mieux qu'on n'a réussi à les empêcher de monter. Ils s'échappent, glissent entre les soldats qui cherchent à les éloigner, et viennent baiser les mains de l'Empereur, ou ses genoux, ou ses pieds. Tous veulent en faire autant et réclament de l'air le plus sérieux du monde : « Un tel a baisé la main du Sultan, pourquoi ne le ferais-je pas? est-il plus que moi? » Quelques-uns viennent adresser une demande ou présentent même des pétitions écrites. L'un demande la mise en liberté de son frère retenu en prison pour cause criminelle; un autre, blessé en Crimée, demande la grâce d'un ami; un troisième prétend, en raison de ses bons services, ne plus payer d'impôts, etc.

Les témoins de cette scène ne l'oublieront jamais, et toute leur vie ils auront devant les yeux ce spectacle étrange : L'Empereur ayant l'Impératrice à ses côtés et toute sa maison derrière lui, aussi calme qu'il peut être à la salle des maréchaux un jour de gala, souriant de cet appareil bizarre, mais en paraissant à peine surpris, laissant prendre sa main par toutes ces mains noires, écoutant les suppliques les plus étranges avec cette grave patience que le dernier Arabe attend du plus grand chef, y répondant par quelques mots, et, quand il ne peut satisfaire les demandeurs, s'en débarrassant avec quelques pièces d'or. Cette scène imprévue, et qui fut à coup sûr la plus intéressante de la journée, dura fort longtemps. Quand elle fut terminée, le fond de la tente impériale s'ouvrit, et Leurs Majestés aperçurent un spectacle nouveau : trois ou quatre cents serviteurs, venus du douar, dont on voit au loin les tentes écrasées, leur apportent la diffah, le kouskouss et les fruits dans d'immenses plats de bois, les moutons tout rôtis embrochés sur de longues gaules qu'ils tiennent droites et enveloppés de serviettes ou de foulards. Après avoir accepté la diffah et l'avoir fait distribuer aux goums, Leurs Majestés se rendent au douar, qu'elles parcourent. Des femmes accroupies, la figure découverte et tatouée, les bras, le cou, la tête chargés de colliers, d'amulettes, de miroirs, véritable arsenal de bijoux grossiers qui s'entre-choquent avec fracas, tissent les tapis, les tellis, les musettes et la feldja, cette étoffe grossière dont se fait la maison de poil ; d'autres préparent le kouskouss, broient l'olive ou le grain, et se livrent enfin aux diverses fonctions du ménage nomade, où l'industrie de la femme doit suffire à tous les besoins de la vie. Au milieu du douar le maître d'école fait la leçon à des enfants : le tableau est complet. Leurs Majestés visitent l'une des tentes. Des femmes d'aghas et de caïds les y reçoivent.

Au retour tous les goums se sont rangés en ligne pour saluer une dernière fois leur souverain. La journée a fait impression sur eux. La confiance de l'Empereur, la grâce et la beauté de l'Impératrice, l'appareil de puissance dont Leurs Majestés étaient entourées, tout cela a frappé ce peuple à l'imagination vive, qui aime le luxe et la beauté, qui veut que ses chefs soient grands et forts, et qu'ils restent accessibles au dernier d'entre eux. Les acclamations qui de leurs rangs saluent le départ de l'Empereur, sont beaucoup plus chaleureuses encore que celles qui l'avaient accueilli. Cet empressement plus vif de la population indigène, remarqué de tous, se manifestera dès lors à toute occasion.

On arriva à Alger à la nuit. La ville, qui était splendidement illuminée tous les soirs pendant le séjour de l'Empereur, commençait à éclairer les terrasses de ses maisons, les dômes et les minarets de ses mosquées. On n'eut que le temps de secouer la poussière épaisse de la route pour se rendre au bal offert par la ville dans la cour du lycée, l'une des plus vastes maisons mauresques d'Alger : une double rangée d'arcades soutenues par des colonnettes torses finement travaillées entoure cette immense salle improvisée, qui n'aurait pas eu besoin d'autre ornement. On y a pourtant prodigué les plus riches tentures, et ses murs disparaissent sous ces beaux draps d'or et d'argent que la Tunisie produit seule. De deux immenses tubes remplis d'eau et simulant heureusement des troncs de palmier, s'échappent des palmes véritables apportées des oasis. La galerie supérieure est entièrement garnie de juives dont les corsages dorés entourent la salle d'un cercle éblouissant. Les burnous rouges des chefs se mêlent aux habits noirs et aux uniformes français. L'Impératrice n'assiste pas au bal. L'Empereur danse avec madame Levert et avec madame Sarlande. Une *nebita* a été organisée dans une pièce voisine de la salle de bal. L'Empereur s'y rend, et regarde pendant quelques instants les almées mauresques ou négresses exécuter au son des derbukkas, des castagnettes, des zinganis et des guitares la *chtah*, cette danse monotone dont tous les mouvements, même les plus ardents, sont rhythmés à l'avance, et que les Arabes aiment d'une si infatigable passion. Puis Sa Majesté se retira, et le bal se prolongea fort avant dans la nuit.

La journée du 19 devait être consacrée à une promenade dans la plaine et à une visite à Blidah. Le malheureux événement, qu'on n'avait pas annoncé à l'Impératrice dans sa douloureuse réalité, mais qu'elle ne pressentait que trop, força Leurs Majestés d'abréger leur séjour, et de retrancher, non sans regret, cette journée de leur programme. Leurs Majestés purent exprimer elles-mêmes tous leurs regrets à une députation des habitants de Blidah, qui emportèrent du moins cette espérance que la visite impériale, perdue cette fois pour Blidah, lui serait rendue à un prochain voyage.

L'ordre adopté pour la quatrième journée fut transporté à la troisième.

TROISIÈME JOURNÉE.

Dès le matin, l'Impératrice se rend à l'évêché, où elle reçoit les sœurs de charité; puis elle visite plusieurs établissements de bienfaisance, parmi lesquels l'Orphelinat des jeunes filles chrétiennes.

A midi, Leurs Majestés se rendent au palais de Mustapha Supérieur, où elles ont daigné accepter un déjeuner qui leur est offert par Son Excellence le comte de Chasseloup-Laubat; puis elles descendent au champ de manœuvres, où doit avoir lieu la revue des troupes. L'Empereur est à cheval entre le bey de Tunis et le ministre de l'Algérie; l'Impératrice est en voiture : Sa Majesté a daigné revêtir le burnous rouge, que les chefs reçoivent en signe d'investiture, selon le vieil usage arabe conservé par nous. L'Empereur distribue de sa main des croix et des médailles militaires; puis le défilé commence. Les troupes françaises passent devant Leurs Majestés en poussant le triple cri national de Vive l'Empereur! Vive l'Impératrice! Vive le Prince impérial! Tous les goums qu'on a vus la veille à la fantasia se présentent ensuite devant Elles, et les saluent de leurs acclamations inintelligibles, mais chaleureuses. Rien de beau, rien d'étrange comme cet immense cortége, comme cet interminable défilé de burnous blancs et rouges, d'armes brillantes, de selles et de caparaçons dorés, luxe merveilleux qu'accompagne souvent une saleté cynique, par un de ces contrastes si fréquents chez ce peuple au caractère indéchiffrable! La revue terminée, Son Altesse le Bey prend congé de l'Empereur et gagne *la Foudre*, qui le ramène à Tunis. Quelques minutes après, l'Impératrice se dirigeait elle-même vers *l'Aigle*, et l'Empereur se rendait seul au dîner offert par la municipalité, dans la cour du lycée. Au dessert, M. de Vaulx, premier président de la Cour impériale et président du Conseil général d'Alger, porta au nom de l'Algérie tout entière le toast suivant.:

« Sire,

» L'accueil qui a été fait à Votre Majesté et à votre auguste compagne a dû vous prouver combien tous nous étions avides de votre présence. Nulle part votre course triomphale n'a dû être signalée par une plus complète allégresse.

» La population indigène, Sire, a rivalisé avec la population européenne; elle est accourue de tous les points, et jusque des confins du désert : jamais tournoi n'a eu plus d'éclat que celui qui vient de charmer tous les regards; jamais, depuis Roncale et Ptolémaïs, plus de grandeur n'avait présidé aux joutes; jamais mains plus belles n'avaient eu à distribuer les prix.

» Après trente ans de luttes, l'Algérie est soumise : depuis l'antique Cirta jusqu'aux limites du vieux royaume de Tlemcen, ses populations s'inclinent avec respect et amour devant le Souverain auquel la France a confié le soin de ses destinées; toutes se rangent sous le drapeau dont elles ont reconnu la puissance, soit qu'elles aient tenté d'y résister, soit qu'elles aient eu à combattre sous son égide, en Italie comme en Crimée, des ennemis communs.

» Aujourd'hui, c'est aux institutions civiles dont la France est si riche et qui ont porté si loin sa renommée, qu'il appartient de compléter l'œuvre; c'est à elles d'opérer entre les races le rapprochement sans lequel il ne saurait y avoir pour nous aucune force et prospérité. Pour atteindre ce but, il faut le concours de tous, il faut surtout l'union entre l'autorité civile et l'armée, dont la volonté n'a jamais fait défaut toutes les fois qu'il s'est agi de l'intérêt de la patrie, de choses grandes, nobles et belles.

» Je porte ce toast à l'Empereur, à l'Impératrice, au Prince impérial; je le porte aussi à l'union entre l'armée et l'autorité civile. »

L'Empereur répondit :

« Ma première pensée, en mettant le pied sur le sol africain, se porte vers l'armée, dont le courage et la persévérance ont accompli la conquête de ce vaste territoire.

» Mais le Dieu des armées n'envoie aux peuples le fléau de la guerre que comme châtiment ou comme rédemption. Dans nos mains, la conquête ne peut être qu'une rédemption, et notre premier devoir est de nous occuper du bonheur des trois millions d'Arabes que le sort des armes a fait passer sous notre domination.

» La Providence nous a appelés à répandre sur cette terre les bienfaits de la civilisation. Or qu'est-ce que la civilisation? C'est de compter le bien-être pour quelque chose, la vie de l'homme pour beaucoup, son perfectionnement moral pour le plus grand bien. Ainsi élever les Arabes à la dignité d'hommes libres, répandre sur eux l'instruction, tout en respectant leur religion, améliorer leur existence en faisant sortir de cette terre tous les trésors que la Providence y a enfouis et qu'un mauvais gouvernement laisserait stériles, telle est notre mission : nous n'y faillirons pas.

» Quant à ces hardis colons qui sont venus implanter en Algérie le drapeau de la France, et, avec lui, tous les arts d'un peuple civilisé, ai-je besoin de dire que la protection de la métropole ne leur manquera jamais? Les institutions que je leur ai données leur font déjà retrouver ici leur patrie tout entière, et, en persévérant dans cette voie, nous devons espérer que leur exemple sera suivi et que de nouvelles populations viendront se fixer sur ce sol à jamais français.

» La paix européenne permettra à la France de se montrer plus généreuse encore envers les colonies, et si j'ai traversé la mer pour rester quelques instants parmi vous, c'est pour y laisser comme traces de mon passage la confiance dans l'avenir et une foi entière dans les destinées de la France, dont les efforts pour le bien de

l'humanité sont toujours bénis par la Providence. Je porte un toast à la prospérité de l'Afrique. »

A peine le repas terminé, l'Empereur se dirige directement vers le port et se rembarque. Bien que l'heure de son départ ne fût pas connue, une foule nombreuse l'attend et le salue d'acclamations chaleureuses qui apprennent même aux quartiers les plus éloignés de la ville que la visite impériale est terminée. Des feux allumés sur la mer, sur le quai et jusque sur la grande mosquée, éclairent l'embarquement. Dès que l'Empereur est à bord, un beau feu d'artifice est tiré à la Casbah.

Puis l'*Aigle* prend la mer, et Leurs Majestés quittent cette terre algérienne où leurs sympathies les retiendraient, mais d'où les rappelle un cruel malheur. « Pourquoi, disaient les Algériens, pourquoi faut-il que cette visite si longtemps souhaitée par nous ait été entourée d'un tel deuil, et qu'au souvenir de leur voyage reste à jamais uni dans le cœur de Leurs Majestés le souvenir de leur perte? » Les Algériens se trompent, selon nous, et leur crainte est vaine. Rien ne pouvait au contraire atténuer plus sûrement la douleur de Leurs Majestés, que le souvenir de l'accueil enthousiaste qu'elles avaient reçu dans la colonie et la pensée du bien que leur rapide passage y a semé. Soutenant le courage des colons, il leur a montré que *leur tour est enfin venu,* que loin de retenir l'administration de la colonie dans la voie des réformes libérales où il l'a fait entrer, l'Empereur veut au contraire l'y faire marcher résolûment. Il a ramené les regards trop indifférents de l'Europe sur cette Algérie qu'aiment tous ceux qui l'ont vue, qu'admirent tous ceux qui l'ont étudiée. Il a fait enfin sur les indigènes une inaltérable impression. Il les a flattés, charmés, fascinés. Soumis jusqu'alors, on peut dire qu'ils se sont donnés dans la journée du 18. Des montres, des armes, des livres, des cadeaux de toute sorte, ont été offerts aux chefs, aux hommes de grande tente, et des bijoux à leurs femmes; une médaille commémorative a été distribuée à tous les cavaliers des goums, qui la fixèrent sur leurs burnous comme une décoration et la portent encore. Tous ces souvenirs du voyage impérial sont impérissables. Jamais la journée du 18 ne sortira de leur mémoire. Bien des récits en seront faits sous la tente. Chaque fois embellie, elle prendra à la longue, dans leur imagination féconde et leur poétique langage, des proportions fabuleuses. Les Touareg même étaient là, et par eux le souvenir de cette fête mémorable s'étendra vers l'infini du désert. Qui sait si le récit légendaire n'en parviendra pas un jour ou l'autre à ceux de nos compatriotes qui vivent par delà le Sahara? Qui sait si l'effigie de notre souverain et celle de sa gracieuse compagne n'iront pas retrouver dans quelque douar lointain la grande image du *Sultan Bounaberdi?*

Ainsi l'Europe aura vu ces hommes que nous avons domptés par la force, gagnés par nos bienfaits, malgré leurs mœurs et malgré leur croyance devenus nos amis, se précipitant aux pieds de l'Empereur et trouvant à ses côtés un prince musulman [1] venu de ses États pour le saluer; et dans ce spectacle saisissant elle aura compris une fois de plus la puissance et la générosité de notre France.

[1] L'Empereur du Maroc devait envoyer deux de ses conseillers intimes, le caïd Omar ben Mohammed-Tizari et Il Hadj el-Aiachi ben el-Hadj Mohammed, saluer l'Empereur et l'Impératrice. Mais par suite d'une erreur de date, ces personnages n'arrivèrent à Alger qu'après le départ de Leurs Majestés.

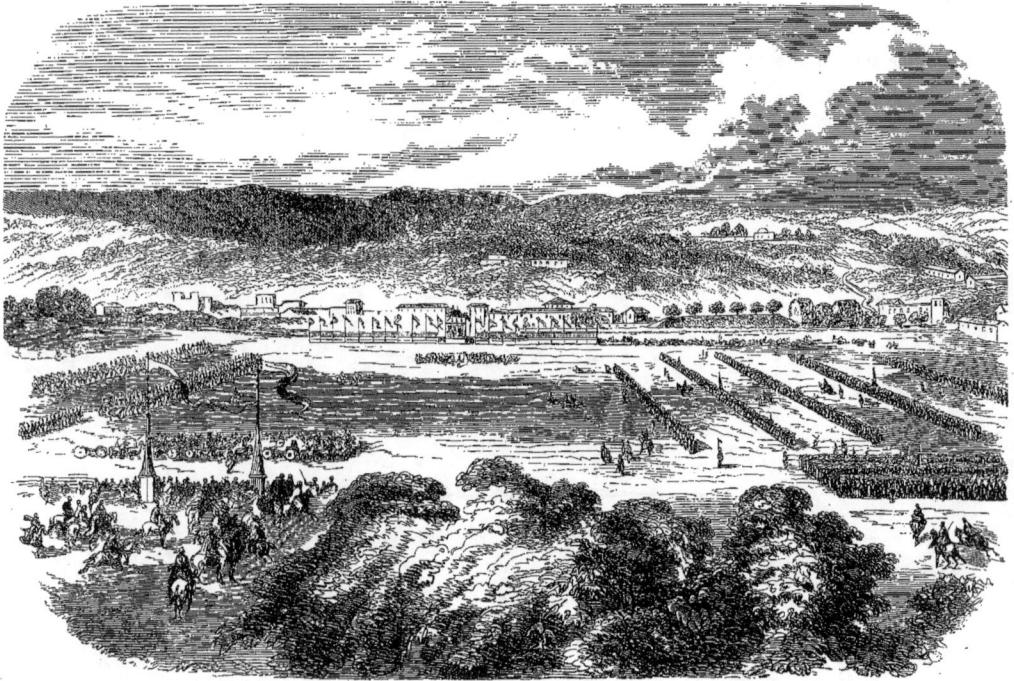

Revue à Alger.

TABLE.

PREMIÈRE JOURNÉE.

DEUXIÈME JOURNÉE.

TROISIÈME JOURNÉE.

TABLE DES GRAVURES.

Présentation à l'Empereur des chevaux de Gande offerts par les tribus algériennes.

Arabes baisant les mains de l'Empereur et de l'Impératrice à leur sortie du palais du Gouvernement. — D'après un dessin de M. A. Marc.

Rencontre de l'attaque d'une caravane.

Épisode de la bataille.

Autre épisode de la bataille.